BEI GRIN MACHT SICH IHR WISSEN BEZAHLT

68er als sprachhistorisches Ereignis

Die Sprache der 68er

Sylvia Meier

Bibliografische Information der Deutschen Nationalbibliothek:

Die Deutsche Nationalbibliothek verzeichnet diese Publikation in der Deutschen Nationalbibliografie; detaillierte bibliografische Daten sind im Internet über http://dnb.d-nb.de abrufbar.

ISBN: 9783640573448
Dieses Buch ist auch als E-Book erhältlich.

Druck und Bindung: Books on Demand GmbH, Norderstedt Germany
Gedruckt auf säurefreiem Papier aus verantwortungsvollen Quellen

Das vorliegende Werk wurde sorgfältig erarbeitet. Dennoch übernehmen Autoren und Verlag für die Richtigkeit von Angaben, Hinweisen, Links und Ratschlägen sowie eventuelle Druckfehler keine Haftung.

Das Buch bei GRIN: https://www.grin.com/document/146627

68er als sprachhistorisches Ereignis

Abgabedatum: 2. März 2007

Inhaltsverzeichnis

1. Einleitung

Die 68er- ein grosser Begriff. Doch was sind sie denn nun wirklich, diese ominösen 68er- Jahre? Ein fernes Zeitalter? Für mich sind sie jedenfalls nicht ganz greifbar, wenn auch legendär und irgendwie mythologisiert. Kraushaar beschäftigt sich ebenfalls mit dieser Frage und kommt dabei zur Annahme, dass die 68er bei vielen Jüngeren wohl Unverständnis, gar Ärgernis auslöse oder zumindest auf Desinteresse stosse. Trotzdem sei es kein *fernes Zeitalter*, da noch „zuviel von dem lebendig" sei, „was eine junge Generation vor drei Jahrzehnten auf die Straßen getrieben" habe. Kraushaar (2000: 7) Es ist nicht zuletzt die Fülle an Literatur, die unterschtreicht, dass dieses Zeitalter eine Zäsur, einen wichtigen, bewegenden Einschnitt in der Geschichte der BRD darstellt. Zweifelsohne sprechen wir von einem historischen Ereignis. Die Revolten dieser jungen, neuen Generation, die die Gesellschaft ihrer Zeit hinterfragt, sind uns bekannt. Doch was mich nun interessiert, ist, wie sie sich artikuliert, wie sie ihre Sprache einsetzt, um ihre Bedürfnisse wirksam auszudrücken. Die 68er- sind sie auch in *sprachhistorischer* Hinsicht ein Ereignis? Fungiert die Sprache gewissermassen als Spiegel der gesellschaftlichen und politischen Umwälzungen, die sich in der BRD um 1968 zutragen? Welche Wirkungskraft erzielt sie tatsächlich auf politischem Gebiet? Welchem Vokabular bedient sie sich und welche linguistischen Formen machen ihr Wesen aus? Wer ist für ihre Konstituierung verantwortlich und bemächtigt sich ihrer? Welche Ziele werden mit Hilfe der Sprache angestrebt und werden sie auch erreicht? Wie wird dabei auf den *neuen Sprachgebrauch* reagiert – und dies sowohl von Seiten der politischen Gegenparteien wie auch der Bevölkerung?

Aufgrund dieser Überlegungen kristallisiert sich für meine Proseminararbeit folgende Leitfrage heraus: *Wie ist die Sprache der 68er konzipiert und auf welche Weise tritt sie mit ihrem gesellschaftlichen, politischen und kulturellen Umfeld in einen Dialog?*

Um mich in der Flut der vorhandenen Literatur nicht zu verlieren, werde ich mich nur auf den historischen Kontext und den sprachlichen Gebrauch in der BRD beschränken. Durch die linguistische Analyse der 68er- Sprache und die Beleuchtung verschiedener Kritikansätze, werde ich ihre Vorteile, Defizite und Besonderheiten skizzieren. Für meine Analyse werde ich Werke, die sich mit der politischen Sprache auseinandersetzen, sowie auch Originaltexte verschiedener Kritiker (z.B. H. Marcuse oder K. Biedenkopf) beiziehen. Als Hintergrund dienen mir Flugblätter aus der Zeit, die als sprachhistorisches Zeugnis repräsentativ sind. Indem ich stets Bezüge zur Politik und Gesellschaft schaffe, will ich den Stellenwert der Sprache in ihrem historischen Umfeld veranschaulichen.

2. Historischer Kontext

Damit die Sprache einer Generation verstanden werden kann, muss erst der historische Kontext, in dem die Menschen sich bewegen, bekannt sein. Bevor ich mich also der Sprache der 68er widme, soll ein Eindruck von ihrem politischen und gesellschaftlichen Umfeld gegeben werden. Ebenfalls unverzichtbar für meine Analyse ist die Schilderung ihrer Ideologien und Reformideen – welche gewissermassen den Nährboden für ihre Sprache bilden.

2.1 Die politischen Verhältnisse in der BRD um 1968

Von 1966 – 1969 ist Kiesinger (CDU) Bundeskanzler in der BRD. Die Ära Adenauer, die Wiedervereinigungspolitik war gescheitert und „seit 1963 drohte die Entspannungspolitik der Großmächte über die Köpfe der Deutschen hinweg zu entscheiden. Die BRD war zu einer schrittweisen Lockerung ihrer starren Haltung gezwungen." Boesch (2004: 267) Dies wird aber erst 1969 unter der Führung von Willy Brandt (SPD) realisiert werden können. Vorerst aber gründet Kiesinger die *Grosse Koalition*. Das zunächst anschwellende Wirtschaftswachstum ist um 1967 rückläufig, was immer höhere Arbeitslosenraten zur Folge hat. Am 30.5. 1968 wird die Änderung des Grundgesetzes („Notstandsverfassung") angenommen. Befürchtet wird bei den neuen Notstandgesetzen, dass eine mögliche Einschränkung der Grundrechte eintreten könnte. Proteste kommen in Gang, die um den *„Notstand der Demokratie"* fürchten. (wikipedia- Deutsche Notstandsgesetze)

2.2 Studentenbewegung/ -revolte (Gesellschaftskritik)

Der Zustand in der Bundesrepublik ist das, was die Studentenbewegung zu ihren berühmten Revolten und Provokationen der 68er animiert. Es ist hier die Rede von einer *antiautoritären Revolte*, einer, die moralisch und politisch geltende Werte und Normen wie „Freundschaft mit den Vereinigten Staaten von Amerika, Antikommunismus, Ordnung, Fleiss und Sauberkeit, Tabuisierung von Sexualität, Achtung von staatlicher Autorität" (Miermeister /Staadt 1980: 7) radikal hinterfragt. Wie Miermeister (1980: 8) sagt, ist es „die Unbedingtheit der Kritik und des Protests" die fasziniert, mitreisst. Ins Feuer der Kritik und des Protests geraten dabei die unterschiedlichsten gesellschaftlichen, wie auch politischen Themen: *Aktionskunst, Haschisch, Sexualität, Marxismus, Freuds Psychoanalyse, Ordinarienuniversität usw.*

Doch durch welche Kanäle wird diese Kritik an die Öffentlichkeit getragen? In welcher Form und durch wen äussert sie sich? Es sind Studenten, Schüler und junge Arbeiter, die die sogenannte *Studentenbewegung* in Gang setzen. Oft wird dabei die *APO (Ausserparlamentarische Opposition)* als Synonym für die Studentenbewegung verwendet. Die Studentenbewegung ist jedoch im Prinzip nur eine von drei Strömungen der APO. Die APO wird im Wesentlichen durch den Sozialistischen Deutschen Studentenbund (SDS) getragen. Ihre politischen Forderungen und utopischen

Vorstellungen von einer besseren Zukunft tun sie in grossen Diskussionsveranstalungen, Demonstrationen, Zeitschriften und Flugblättern kund. Ihre Waffe, ihr Ausdrucksmittel im „Kampf" ist dabei stets *die Sprache* - ihre Sprache, die in pejorativer Weise oft auch *marxistische* oder *linke Sprache* genannt wird.

3. Die Sprache der 68er

Bevor ich mich der genauen, linguistischen Analyse der 68er-Sprache zuwende, möchte ich auf einen Sachverhalt hinweisen, der in jeder Sprache Gültigkeit findet. Es handelt sich hierbei um das Verhältnis von Sprache und Ideologie. In meinen folgenden Erläuterungen beziehe ich mich auf Heiko Girnth (2002: 4), wenn ich sage, dass Sprache der Ort ist, indem sich Ideologien manifestieren. Das heisst, die Sprache fungiert als wichtiges Ausdrucksmittel der Denkmuster und Wertvorstellungen einer bestimmten Gesellschaft. Zu betonen ist dabei, dass der Ideologiebegriff nicht von allen wertneutral verstanden wird. Dieckmann beispielsweise schreibt der *Ideologie* eine negative Konnotation zu, indem er sich auf den Sprachgebrauch des politischen Gegners bezieht. Dieser Sprachgebrauch wird als „unangemessen und Wahrheit verzerrend" bezeichnet, während der eigene als wahrheitsgetreu empfunden wird. Die Auffassungen von Ideologie und somit auch von Sprache, sind also stets von der Perspektive, aus der sie betrachtet werden, abhängig. Und genau diese Meinungsverschiedenheiten bezüglich Wertvorstellungen und politischer Gesinnung der einzelnen Parteien und Gruppen führt schliesslich in den 68ern zu einem bewegten Wandel in Politik und Sprache.

3.1 Die Sprache der APO

Der ausschlaggebende Impuls für diese Wende wird durch die Studentenbewegung ausgelöst. Wie schon gesagt, handelt es sich dabei um die sogenannte APO, die Erneuerungen in den politischen, kulturellen und gesellschaftlichen Strukturen der BRD fordert. (siehe 2.2)

Dies manifestiert sich auch in ihrer neukonstituierten Sprache. Ihr Einfluss lässt sich auf die Frankfurter Schule bzw. die Kritische Theorie, Herbert Marcuse oder Theodor W. Adorno zurückführen. Somit seien nur ausgewählte Persönlichkeiten, respektive Theorien/ Schulen genannt, die in meiner Arbeit eine Rolle spielen werden.

3.1.1 Sprachkritik

Die Studentenbewegung ist unglücklich über die herrschende Selbstzufriedenheit der Wirtschaftswunder -Republik und die „Nazi – Vergangenheit ihrer Elterngeneration". (vgl. Stötzel 2002: 385) Durch das Heranziehen der oben bereits erwähnten *Kritischen Theorie* und *Marcuse' Sprachkritik als Herrschaftskritik* gelingt es ihnen, der bestehenden Gesellschaft ein Gegenmodell entgegenzusetzen. Folgende Argumentationen werden von der APO gewissermassen als Muster und später als Legitimation für ihren neuen Sprachgebrauch verwendet.

Herbert Marcuse:

Aus „Versuch über die Befreiung", 1984:

> Politische Linguistik ist [...] eine der wirksamsten ‚Geheimwaffen' von Herrschaft und Verleumdung. Die herrschende Sprache von Gesetz und Ordnung, die von Gerichtshöfen und Polizei für gültig erklärt werden, ist nicht nur die Stimme, sondern auch die Tat der Unterdrückung. Die Sprache definiert und verdammt den Feind nicht nur, sie erzeugt ihn auch; und dieses Erzeugnis stellt den Feind nicht wirklich dar, wie er ist, sondern viel mehr, wie er sein muß, um seine Funktion für das Establishment zu erfüllen. (Marcuse 1984: 302)

Damit hält Marcuse dazu an, die „Geheimwaffe", also die politische Sprache, den Herrschenden zu entziehen, um den Feind, der unterdrückt und verdammt, zukünftig selbst „erzeugen" zu können. Doch wie soll es der APO gelingen, gegen die „Herrschende" (CDU) vorzugehen? Marcuse schlägt vor, die politische Herrschaft unter „Ideologieverdacht" (Bergsdorf 1983: 238) zu stellen. Ein *negatives Begriffsfeld* soll die Herrschaft denunzieren, sie in ihrer schlechten Herrschaftsweise entblössen, kritisieren. Denunzierendes, negatives Begriffssystem: *Herrschaft, Establishment, Unterdrückung, Polizei, Ordnung, Repression, Entfremdung, Struktur, Frustration usw. ...*(Vgl. Bergsdorf 1983: 238)

Die eigenen Interessen (also die der APO) sollen hingegen durch das von Marcuse benannte „Positiv-Vokabular" (ebd.) ausgedrückt werden. Bsp.: *Emanzipation, Freiraum, Befreiung.*

Folgendes Zitat zeigt die Defizite der Sprache der BRD auf und schlägt vor, wie die Sprache konkret „verbessert" werden kann.

Aus „Der eindimensionale Mensch", 1969:

> die Anstrengung, Wörter (und damit Begriffe) von der nahezu totalen Entstellung ihres Sinns zu befreien [...]. Gleichermaßen muß das soziologische und politische Vokabular umgeformt werden: es muß seiner falschen Neutralität entkleidet werden; es muß methodisch und provokatorisch im Sinne der Weigerung ‚moralisiert' werden. (Stötzel 1995: 387)

Marcuse schlägt vor, dass man sich weigern soll, das bestehende soziologische und politische Vokabular zu benutzen, da es sich dabei um „eindimensionale Begriffe" handle. Die politische Linguistik soll verändert werden. Die Begriffe sollen von ihrer Neutralität gelöst werden, moralisiert, ideologisiert werden und an Aussagekraft gewinnen. Sie sollen nicht nur die Realität abbilden, sondern auch „veränderndes Potential"(Stötzel 1995: 387) enthalten. Dass diese Idee von den *nicht-eindimensionalen Begriffen* aufgegriffen wird, werden wir in den nachfolgenden Kapiteln feststellen.

Auch Theodor W. Adorno übt Kritik an der Sprache der BRD: Er nennt sie „Jargon der Eigentlichkeit".

Der Jargon sei …

> so standardisiert wie die Welt, […]teils infolge seines Massenerfolgs, teils auch weil er seine Botschaft
> durch seine pure Beschaffenheit automatisch setzt und sie dadurch absperrt von der Erfahrung, die
> ihn beseelen soll. Adorno (1969: 9)

Adorno kritisiert das Standardisiert- Sein der Sprache und plädiert ebenfalls, wie Marcuse, für ein Aufbrechen dieser „autoritären" Strukturen. Damit zielt er sowohl auf den „autoritären" Charakter der Gesellschaft, wie auch der Sprache ab. (vgl. Gilcher- Holtey 2003: 59) Aufgrund dieser Sprachkritik wird also die Zeit eines neuen Sprachgebrauchs eingeleitet und dadurch eine vertiefte Sprachsensibilisierung evoziert.

3.2 Die Sprache der SPD

Obwohl die Sprache der SPD von den Konservativen leichthin mit der Sprache der APO unter der Bezeichnung „Linke Sprache" gleichgesetzt wird, unterscheiden sich diese sowohl in ihren sprachlichen Kennzeichen, wie auch in ihrer thematischen und politischen Orientierung.

Die Sprache der SPD ist die sozial-liberale Sprache der Regierungskoalition „Ära Brandt". Die Ära Brandt bezeichnet in der BRD die Periode von 1969 -74, in der die Regierungsverantwortung erstmals in der Geschichte an die SPD abgetreten wird. Ihren Namen erhält sie durch den neuen Bundeskanzler Willy Brandt. Was den Ost/West- Konflikt betrifft, soll „die Ära der Konfrontationen durch eine Ära der Verhandlungen abgelöst und eine neue Friedensordnung geschaffen werden." Bracher (1986: 163) Die Themenbereiche der SPD sind im Vergleich zur APO also stärker auch *aussenpolitisch* verlagert. Ihr Hauptinteresse liegt bei der „Reduzierung des Konfliktpotentials mit den Ostblockstaaten". (Stötzel 1995: 388) Trotzdem sagt Brandt von sich selbst, dass er auch „ein Mann der inneren Reformen" (Bracher 1986: 163) sein wolle. Die Brandt'sche Wahlkampfparole lautet: *Mehr Demokratie wagen!* (vgl. Stötzel 1995: 388) Gerade am Beispiel der Forderung nach mehr Demokratie wird deutlich, dass die *innenpolitischen* Interessen der APO und SPD durchaus Überschneidungen aufweisen.

Wie sich der Kampf der Parteien SPD/FDP versus CDU in der Sprache wiederfindet, sowohl vor 1969, wie auch danach, wird sich im folgenden Kapitel zeigen.

3.2.1 Kampf um Wörter

Den Einstieg ins Kapitel möchte ich sogleich mit einem Zitat des Generalsekretärs Kurt Biedenkopf (zit. nach Bergsdorf 1983: 260) schaffen, welcher sich am CDU- Parteitag 1973 folgendermassen zur *politischen Sprache* äussert:

Was sich heute in unserem Land vollzieht, ist eine Revolution neuer Art. Es ist die Revolution der Gesellschaft durch die Sprache. [...]Statt der Gebäude der Regierungen werden Begriffe besetzt, mit denen sie regiert, die Begriffe, mit denen wir unsere staatliche Ordnung, unsere Rechte und Pflichten und unsere Institutionen beschreiben.

Biedenkopf spricht „ von der Revolution der Gesellschaft durch die Sprache", wobei „die Sprache bewusst als Mittel der politischen Strategie" (Stötzel 1995: 392) verwendet werde. Von *Revolution* ist die Rede, da es sich um den uneinhelligen Gebrauch von Sprache handelt. Diese eben genannte strategische und unkonventionelle Verwendung von Sprache wird den Linken zum Vorwurf gemacht. Biedenkopf und Maier kritisieren im Konkreten die Benutzung von Vokabular, welchem ein Bedeutungspotential zugeschrieben wird, das über die Beschreibung der Wirklichkeit hinausgeht. Solche Begriffe würden dadurch auf etwas Zukünftiges verweisen, auf die angestrebte Veränderung des herrschenden Zustandes und eine aus ihr resultierende bessere Gesellschaft und Politik. Begriffe, die einer solchen Behandlung unterliegen, werden als „dynamisiert", als „aus ihrer Normallage gelöst", bezeichnet. (vgl. Stötzel 1995: 393) Diese Beschreibung hat unter der von Biedenkopf geprägten Bezeichnung „Begriffe besetzen" Eingang in die Literatur gefunden. In ausführlicher und anschaulicher Weise werde ich allerdings erst in Kapitel 3.2.2 darauf eingehen. Was uns an dieser Stelle aber bereits klar geworden sein sollte, ist, dass es sich hier um weit mehr als die „korrekte" semantische Belegung von Wörtern handelt. Primär ist es nämlich das Ziel, durch die parteispezifische Festlegung von Wörtern, Macht zu erlangen. (vgl. Girnth 2002: 63)

Diese Feststellung lässt sich auf unsere synchrone Betrachtung des Sprachgebrauchs der 68er beziehen; es handelt sich da um den Kampf zwischen den regierenden Konservativen, die den Erhalt der herrschenden Sprache fordern und den Linken, die die Sprache revolutionieren wollen. Diese semantische Auseinandersetzung wird als *Wortkampf, Bedeutungskonkurrenz* oder *Bedeutungstrennung* betitelt. Linguistisch lassen sich drei Typen voneinander unterscheiden: die *denotative Lesearten- Konkurrenz, die evaluative Lesearten- Konkurrenz* und *die Nominationskonkurrenz.* (vgl. Girnth 2000: 63) Der wichtigste Typ für die politischen Auseinandersetzungen, wie auch für unsere Arbeit, ist *die denotative Lesearten- Konkurrenz.* Hier geht es um die parteispezifische Besetzung von *positiv* konnotierten Symbolwörtern, wie *Solidarität, Gerechtigkeit* oder *Freiheit.* Bewusst entscheide ich mich für diese Begriffe, da sie als Schlüsselwörter für die beiden grossen Parteien CDU und SPD stehen. Sie sollen die Grundwerte des politischen Wollens beider Parteien verkörpern. Solche *Grundwert-Lexeme* (nach Girnth 2000: 52) verdichten die komplexe Realität, machen sie einfacher verständlich und somit anziehend für die Adressaten. In ihrem Verständnis, oder eben ihrer Leseart sind sie jedoch unterschiedlich, da sie in ihrer Semantik parteispezifisch anders besetzt sind. (vgl. Bergsdorf 1983: 280) Die CDU beispielsweise versteht den Begriff *Freiheit* immer noch im Sinne der 50er Jahre; rein auf die Garantie der „bürgerlichen Freiheit" bezogen. (ebd.) Die SPD weitet den Begriff jedoch semantisch aus. Sie zeigt das konfliktuelle Verhältnis zwischen der generellen gesellschaftlichen Vorstellung von Freiheit und der des Einzelnen auf. Freiheit wird zusätzlich mit dem Demokratiegedanken verknüpft. Wir können also daraus folgern, dass die Artikulation von Interessenunterschieden, Individualität und Meinungsfreiheit im Zusammenhang mit dem Begriff *Freiheit* für die SPD immer bedeutender wird.

Resümierend können wir also als Hauptmerkmal des Wortkampfes die Besetzung von Begriffen bzgl. ihrer Semantik und ihrer Verwendung festhalten. Über die Charakteristik dieser Begriffe wird das folgende Kapitel weiter Aufschluss geben.

3.2.2 Hochwertvokabeln

Wir kennen nun die Ausdrücke *Symbolwörter, Schlüsselwörter* oder *Grundwert- Lexeme*, deren Semantik „Rückschlüsse auf das Denken und Handeln einer Sprachgemeinschaft" (Girnth 2002: 52) ermöglicht. Diese können schliesslich präziser noch in *Fahnenwörter* und *Stigmawörter* aufgegliedert werden. *Fahnenwörter* dienen dazu, die Eigengruppe aufzuwerten, während mittels *Stigmawörtern* der politische Gegner erniedrigt, diffamiert wird. (vgl. Girnth 2002: 52-54)

In der Sprache der SPD finden wir einige Beispiele solcher Hochwertvokabeln, Fahnenwörter vor. Bezogen auf die aussenpolitischen Interessen der Partei (Siehe 3.2) tauchen Vokabeln auf wie: *Aussöhnung, Interessenausgleich, menschliche Erleichterung, Entspannung, Friedenspolitik*, sowie auch Slogans wie *Vom Nebeneinander zum Miteinander* (Vgl. Stötzel 1995: 388)

Innenpolitische, von der SPD geprägte Ausdrücke, die in der APO ebenfalls Verwendung finden, sind: *Emanzipation, Selbstverwirklichung und Demokratisierung.* Wollen wir nun die Eigenschaften der Hochwertvokabeln am Beispiel des Begriffs *Demokratisierung* vertieft behandeln und verdeutlichen.

Meiner Meinung nach, handelt es sich hierbei um ein Fahnenwort und Stigmawort zugleich. Fahnenwort, weil die SPD wie auch die APO damit ihre initiative Haltung im Kampf um *menschliche Gerechtigkeit, Chancengleichheit, Mitbestimmungsrecht und Freiheit* ausdrücken. Gleichzeitig hat das Wort auch eine leicht diffamierende Wirkung. Es macht darauf aufmerksam, dass die Demokratie ein anzustrebendes Ziel sei und somit also noch kein herrschender Zustand in der BRD darstellt. (siehe auch 3.2.1) Die herrschende und dadurch verantwortliche Gegenpartei CDU wird dadurch indirekt kritisiert. Die SPD weitet zudem die Verwendungsmöglichkeit des Begriffs auf den gesamten gesellschaftlichen Sozialbereich aus, während die CDU ihn bis anhin nur auf politisch-parlamentarische Strukturen bezog. (vgl. Stötzel, 1995: 395/396) Anhand dieses Beispiels, wird uns die enorme Kraft der Sprache erneut bewusst. Durch die Umdeutung eines älteren Begriffs gelingt es der SPD „die universalste gesellschaftspolitische Forderung unserer Zeit in einem Wort" zusammenzufassen. (FAZ 22.7.69, S. 11, Hennis 1973, S.26) Die SPD wie auch APO streben nach

Veränderung, Erneuerung und lassen diese zu einem „Wert an sich werden"(vgl. Stötzel 1995: 397) Durch die politische Polarisation der Linken fürchtet die CDU verständlicherweise um zukünftig schlechtere Wahlchancen. Der Gebrauch von Hochwertvokabeln und die parteispezifische Besetzung von Begriffen, fordern die Konservativen selbstverständlich heraus. Sowie die Revolten und Demonstrationen durch die Linken eine Gegenreaktion provozieren, fordert auch deren Sprachgebrauch eine sprachkritische Gegenoffensive der „Rechten" heraus.

4. Kritische Betrachtung der „linken Sprache"

So polaisierend die Sprache der APO und SPD auch sein mag, ist es wichtig, sie objektiv zu betrachten und wir müssen uns daher eingestehen, dass folgende Kritik der Konservativen durchaus ihre Berechtigung hat.   Den Linken wird eine Übernahme der Sprachherrschaft vorgeworfen, obwohl dies, wenn wir uns an Marcuse' s Herrschaftskritik erinnern, gegen die „linke" Ideologie spricht. Zudem wird der *neue Sprachgebrauch* als realitätsfremd bezeichnet. Diese Vorwürfe sollen im Folgenden erläutert werden.

4.1 Sprachherrschaft

Was verstehen wir unter dem Begriff Sprachherrschaft? Herrschaft über eine Sprache zu besitzen, bedeutet, Macht, Einfluss, auf das Denken einer Gesellschaft ausüben zu können. Politisch kann von einem Gewinn der Sprachherrschaft gesprochen werden, wenn die „Terminologie einer politischen Gruppe auf die politische Sprache insgesamt oder sogar auf die Sprache der Gesetzgebung oder die Sprache der Verwaltung eingewirkt hat" und dadurch zusätzlich „politische Stärke und steigende Anziehungskraft signalisiert". Bergsdorf (1983: 42) Dieser Einfluss auf die allgemein gebrauchte Sprache schafft folglich also auch eine gewisse Kontrolle über die Bevölkerung. Doch worauf wird denn in der Sprache Einfluss genommen? Auf die Semantik. Es wird auf den Inhalt der Begriffe eingewirkt. Wie in den vorangehenden Kapiteln schon mehrfach detailliert erklärt, wird dabei verschoben, verändert oder sogar umgekehrt. Wenn auch nicht   immer erfolgreich, werden außerdem neue Begriffe (Neologismen) konstituiert und in den Sprachgebrauch eingeführt. Das ist etwas, was sowohl die APO, wie auch die SPD praktiziert.

In Stötzel (1995:389) wird die Angst der CDU/CSU vor der Besetzung der politischen Sprache durch die Neuen Linken beschrieben. Sie fürchten, dass durch das Erlangen der Sprachherrschaft ihre sprachliche Dominanz und Geltung gefährdet ist. Gleichzeitig würde es für die CDU/CSU auch den Verlust ihrer kulturellen und gesellschaftlichen Hegemonie in der BRD bedeuten. Auf drastische Weise formuliert Schelsky die Übernahme der Sprachherrschaft durch die Linken, die er bereits als vollzogen betrachtet: (zit. nach Stötzel 1995: 391)

In der Herrschaft von Sprache ist ein Herrschaftsgrad von Menschen über Menschen erreicht, demgegenüber physische Gewalt geradezu harmlos und veraltet ist. Unüberwindbare Herrschaftsmittel gewinnt, wer die Schlüsselworte für die grossen Sehnsüchte der Zeiten oder der Generation zu finden und auszubeuten vermag.

Wollen wir der Sprachherrschaft der Linken (wenn wir davon ausgehen) etwas Positives abgewinnen, dann ist das ihr damit verbundener Tatendrang, der die Bevölkerung mitreissen soll. Die Leute sollten animiert werden, den aktuellen politischen und gesellschaftlichen Zustand in der BRD kritisch zu betrachten und zu hinterfragen. Wie schon in 3.1. erwähnt, ist die Linke Sprache *dynamisch* und strebt nach einer vollkommeneren, besseren Zukunft. Doch ist diese Dynamik der Sprache genau das, was die Konservativen kritisieren. Sie wird von Maier (in Stötzel 1995: 392) eher als eine „puristische Überforderung von Begriffinhalten" angesehen. Wie sich diese „Überforderung von einem Begriffinhalt" in der Praxis äussert, soll uns ein Textbeispiel zeigen.

1) Zur Demokratie: in Schülerzeitung *Meilenstein,* Gymnasium der rheinlandpfälzischen Stadt Sorbernheim erschienen. Miermeister/Staadt (1980: 224)

> Wir fordern:
>
> eine demokratische Schule
>
> in einer demokratischen Gesellschaft
>
> SMV und Schülerzeitungen sind heute die" demokratischen" Feigenblätter einer undemokratischen Schule in einer formal demokratischen Gesellschaft. Sie sind bis heute Instrumente zur Verschleierung der autoritären Struktur der Schule geblieben.[1]

Während der „linken Sprache" einerseits Sinnentleerung, Unverständlichkeit und Überforderung der Begriffe vorgeworfen wird, wird andererseits ihre Direktheit als schockierend empfunden. Diese Direktheit manifestiert sich in der Auflösung von Grenzen und in der Thematisierung bisheriger Tabus. Konkret: Es wird frei und ungezwungen mit Sexualität umgegangen. In der Sprache zeigt sich dies im Gebrauch von Sexual- und Fäkalausdrücken. Schelsky unterstellt der „linken" Sprache, dass sie „emotional- aggressiv" (Stötzel 1995: 394) geladen sei. Auch wenn diese Aussage zu verallgemeinernd ausfällt, trifft sie bestimmt partiell zu. Anhand eines Textauszuges soll die Evidenz dieser Aussage untermauert werden:

2) Zur Emanzipation der Frauen: in *SDS- Info* (20.1.1969) erschienen.

(zit. nach Miermeister/Staadt 1980: 224)

---

[1] Kompletter Originaltext im Appendix

Wir machen das maul nicht auf! Wenn wir es doch aufmachen, kommt nichts raus! wenn wir es auflassen, wird es uns gestopft: mit kleinbürgerlichen schwänzen, sozialistischem bumszwang, sozialistischen kindern [...]kotzen wir 's aus: wir sind penisneidisch, frustriert, hysterisch, verklemmt, asexuell, lesbisch, [...] frauen sind anders! [Kleinbuchstabenschreibweise wie in Original]

BEFREIT DIE SOZIALISTISCHEN EMINENZEN VON IHREN BÜRGERLICHEN SCHWÄNZEN![2]

Kontrastierend zum „Jargon der Eigentlichkeit", wird dieser, eher unseriöse Sprachgebrauch, bei Stötzel (1995: 394) mit „Jargon der Künstlichkeit" betitelt.

Wenn Kritik an der „linken Sprache" geübt werden will, ist dies berechtigt, wenn klar zwischen den Gruppen differenziert werden kann. APO, SPD, Studentengruppen, Kommunen- sie alle unterscheiden sich in ihrem Sprachgebrauch. Was ihnen aber dennoch eigen ist, ist die polarisierende Wirkung ihrer Sprache. Der Weg vom „Einflussüben auf die Menschen" zum „Kontrolleerlangen über die Masse" scheint gering zu sein.

Fazit: Sprachkontrolle kann zu Herrschaftskontrolle werden!

4.2 Diskrepanz zwischen Sprache und Realität

Wenn wir die Sprache und ihr Verhältnis zur Realität betrachten, kommen wir nicht umhin, uns erneut die Frage zu stellen, welche Bedeutung dabei dem Ideologiegedanken zukommt. Wir erinnern uns daran, dass die Sprache immer auch ein Ort manifestierten Ideologieguts ist. In den 68ern sprechen wir konkret vom grossen *Befreiungspathos* und den damit verbundenen grossen Wörtern wie *Freiheit, Moral, Emanzipation, Gerechtigkeit* und umstrittenen Ausdrücken wie *Demokratisierung*. Doch wie Ideologien von Gegnerparteien als „wahrheitsverzerrend" (siehe 3.1) empfunden werden können, kann auch die *Besetzung von Wörtern* als „Sprachverfälschung" (Stötzel 1995: 391) betrachtet werden. Der Vorwurf an die Linken besteht also darin, dass die Wörter in ihrer Auslegung mehr enthielten als die Realität! Behrens sagt, die Sprache sei ideologisiert. Zentrale Begriffe würden sich durch ihre Dynamisierung, Dogmatisierung, Ausweitung etc. von der Realität entfremden. (Vgl. Behrens u. a. 1982: 250)

5. Zusammenfassung und Schlusswort

Wenn ich mich nun auf die Leitfrage berufe, die ich mir eingangs dieser Arbeit gestellt habe, bin ich der Meinung, sie beantwortet zu haben, auch wenn das von Kraushaar angesprochene „Unverständnis für diese 68er - Bewegung" wohl nie ganz verschwinden wird. Vielleicht hängt, aus unserem heutigen Blickwinkel betrachtet, diesen unzähligen Revolten gar etwas Lächerliches an. Doch rein sprachlich betrachtet, gehört den 68ern mein tiefster Respekt. Die linguistische Analyse

---

[2] Kompletter Text im Appendix

zeigte nämlich, dass die „Linken" in ihrer Begrifflichkeit äusserst eloquent waren. Die Begriffbesetzung implizierte ihre Ideologiegedanken, Mut zum Aufbrechen alter Strukturen und gab alten Begriffen, wie *Demokratie, Freiheit und Emanzipation,* eine neue, stärkere Bedeutung. Sie folgten in ihrer *Strategie* typischen politischen Sprachstrukturen. Das Verwenden von Hochwertvokabeln, Schlüsselwörtern und das Ausweiten der politischen Sprache auf alltägliche, soziale und gesellschaftliche Anwendungsgebiete, ist nämlich eine *Strategie,* die auch in heutigen, politischen Reden noch zur Anwendung kommt. Als störend empfindet man hingegen die Diskrepanz zwischen dem zukunftsgerichteten Potential, das dem Vokabular innewohnt und der tatsächlichen Umsetzung in der Realität. Daher war auch interessant zu sehen, auf welche Weise die konservative Seite Stellung zur 68er - Sprache bezog. Ihre Befürchtung, dass die Linken die Sprachherrschaft übernehmen würden, trat ja, ohne zu sehr vorzugreifen, durch die Wahlerfolge der SPD teilweise ein. Auch hier führt sich die Widersprüchlichkeit der Linken fort, da sie sich zu Beginn bzgl. ihres Sprachgebrauchs auf Marcuse's Theorien abstützten und sich dadurch schworen, jeglicher Form von Herrschaft zu entsagen. Ohne den Rahmen meiner Arbeit zu sprengen, soll auch hier erwähnt sein, dass sich die Kritik an der „linken" Sprache 1983 bewahrheitete. Die angebliche Sprachherrschaft wurde durch den Wahlensieg der CDU gebrochen. Wie Biedenkopf sagte, gelang es ihnen, die Begriffe wieder für sich zu besetzen, wieder zurückzuerobern.   Es war nun wieder eine *Chancengleichheit* im Sprachgebrauch erreicht. (Vgl. Stötzel 1995: 399) Dies zeigt uns, dass die *Aufladung der Begriffe* wohl doch mehr versprochen hatte, als schliesslich in der Gesellschaft und Politik wirklich in die Tat umgesetzt worden ist. Und auch wenn meine Arbeit an dieser Stelle sicher noch Fragen offen lässt, habe ich für mich die Frage, wie Gesellschaft, Politik und Sprache miteinander in einen Dialog treten, bestimmt klären können: Ihre Grenzen sind fliessend, sie sind voneinander abhängig, ihre Beziehung untereinander ist eng, jedoch nie konstant und schon gar nicht von einhelliger Natur.

6. Literaturverzeichnis

Adorno, Theodor W. (1969): Jargon der Eigentlichkeit. Zur deutschen Ideologie. (4. Aufl.) Frankfurt
    am Main: Suhrkamp Verlag

Boesch, Joseph (2004): Weltgeschichte. Von Wiener Kongress bis zur Gegenwart. (15. überarb. Aufl.)
    Zürich: Orell Füssli Verlag (Weltgeschichte Band 2)

Bracher, Karl Dietrich (1986): Geschichte der Bundesrepublik Deutschland. Republik im Wandel 1969
    - 1974.Stuttgart: Deutsche Verlags- Anstalt; Mannheim; Brockhaus (Geschichte der
    Bundesrepublik Deutschland, Band 5)

Burkhardt, Armin (2003): Das Parlament und seine Sprache. Studien zu Theorie und
    Geschichte parlamentarischer Kommunikation. Tübingen: Max Niemeyer Verlag
    (= Reihe Germanistische Linguistik 241)

Gilcher - Holtey, Ingrid (2003): Die 68er Bewegung. Deutschland – Westeuropa- USA. 2. Aufl.
    München: Verlag C. H. Beck

Grinth, Heiko (2002): Sprache und Sprachverwendung in der Politik. Eine Einführung in die
    linguistische Analyse öffentlich - politischer Kommunikation. Tübingen: Max
    Niemeyer Verlag (= Reihe Germanistische Arbeitshefte 39)

Kraushaar, Wolfgang (2000): 1968 als Mythos, Chiffre und Zäsur. Hamburg:
    Hamburger Edition HIS

Kuhn, Hugo (1969): Sprache – Literatur – Kultur im Mittelalter und heute. Ein Versuch über
    die Sprache der Studentenrevolution. München: Verlag der Bayerischen Akademie der
    Wissenschaften (= Festrede, gehalten 1968)

Marcuse, Herbert (1969): Aufsätze und Vorlesungen 1948-1969. Versuch über die
    Befreiung. Frankfurt am Main: Suhrkamp Verlag

Miermeister, Jürgen/ Stadt, Jochen (Hrsg.) (1980): Provokationen. Die Studenten- und Jugendrevolte
    in ihren Flugblättern 1965 – 1971. Darmstadt, Neuwied: Luchterhand (Sammlung
    Luchterhand; 322)

Wengeler, Martin (1995) "1968" als sprachgeschichtliche Zäsur. In: Stötzel, Georg/ Wengeler,
    Martin: Kontroverse Begriffe. Berlin: Walter de Gruyter. S. 383- 404

Wolfgang, Bergsdorf (1983): Herrschaft und Sprache. Studie zur politischen
    Terminologie der Bundesrepublik Deutschland. Pfullingen: Verlag Günther Neske

Strauss, Gerhard (1989): Brisante Wörter von Agitation bis Zeitgeist. Ein Lexikon zum
    öffentlichen Sprachgebrauch. Berlin, New York: Walter de Gruyter (= Reihe Schriften
    des Instituts für deutsche Sprache 2)

Internetquellen:

Auszüge aus den Lehrmaterialien zum PS Politische Semantik von Dr. Thomas Niehr:
https://www.isk.rwth-aachen.de/584.html <1.4.05>

Griesshaber, Dieter(2006): http://geschichtsverein-koengen.de/Kiesinger.htm
(konsultiert am 28.3.2007)

Wikipedia zum Thema Deutsche Notstandsgesetze (2007):
http://de.wikipedia.org/wiki/Notstandsgesetze (konsultier am 28.3.2007)

7. Appendix

1.) Originaltext als OC- Scan eingelesen

[1]

Resolution
verabschiedet von der versammelten Studentenschaft der Freien Universität Berlin auf dem
Sit-in am 22./23. Juni 1966

Präambel
Wir kämpfen nicht nur um das Recht, längere Zeit zu studieren und unsere Meinung stärker
äußern zu können. Das ist nur die halbe Sache. Es geht uns vielmehr darum, daß
Entscheidungen, die die Studenten betreffen, demokratisch nur unter Mitwirkung der
Studenten getroffen werden. Was hier in Berlin vor sich geht, ist ebenso wie in der
Gesellschaft ein Konflikt, dessen Zentralgegenstand weder längeres Studium noch mehr
Urlaub ist, sondern der Abbau oligarchischer Herrschaft und die Verwirklichung demokra-
tischer Freiheit in allen gesellschaftlichen Bereichen.
Wir wenden uns gegen alle, die den Geist der Verfassung, gleich in welcher Art, mißachten,
auch wenn sie vorgeben, auf dem Boden der Verfassung zu stehen.
Es gilt die Freiheit in der Universität als Problem zu sehen, das über den Rahmen der
Universität hinausweist. Aus diesem Grunde sieht die Studentenschaft die Notwendigkeit, mit
allen demokratischen Organisationen in der Gesellschaft zusammenzuarbeiten, um ihre
Forderungen durchzusetzen.
[…]

2. Originaltext als OC- Scan eingelesen (Schreibweise original)

[2]

50 JAHRE BETRUG SIND GENUG!

Die Koalitions-SPD hat nichts mit den Vorkämpfern des Frauenwahlrechts zu tun und hat kein
Recht, sich mit deren Verdiensten zu schmücken. Die formale Gleichberechtigung war nicht das
Ziel der Vorkämpfer. Sie sahen sie als eine Voraussetzung der Selbstverwirklichung und
Gleichberechtigung der Frauen innerhalb einer sozialistischen Gesellschaft an.
Statt dessen finden wir die SPD heute in der Umarmung der Kapitalisten („formierte
Gesellschaft, große Koalition").
Zwar haben die Frauen seit 50 Jahren das Recht zu wählen zwischen Parteien, die sich
untereinander, d. h. dem kapitalistischen Profitinteresse, immer mehr gleichen.
50 Jahre Frauenwahlrecht:
Aber obwohl die Wirtschaft ohne Frauenarbeit zusammenbrechen würde, werden sie in schlecht
qualifizierten Berufen gehalten und schlechter bezahlt als die Männer.
50 Jahre Frauenwahlrecht:
Trotzdem müssen sich die Frauen alleine mit der Kindererziehung herumschlagen.
50 Jahre Frauenwahlrecht:
Aber auf den Universitäten immer noch zu Unrecht (siehe Examensergebnisse) für dümmer
gehalten als die Männer und in ihren Aufstiegschancen einschneidend behindert - ganz zu
schweigen von einer jenseits der Konkurrenzgesellschaft liegenden individuellen Entfaltung.
Zwar haben sie das Recht zu wählen zwischen, „Keine Experimente" und „Sicherheit für Alle" -
aber nicht das Recht, zu wählen zwischen Beischlafspflicht und eigenem Lustgewinn. 50 Jahre
Frauenwahlrecht haben aus der Frau kaum mehr gemacht als einen Kleiderständer für - wenn sie
»Glück« hat - Nerzmäntel, die doch nur dem Prestige der Männer dienen.

DARUM: WÄHLT POLYCOLOR!

In dem Maße, in dem die SPD heute den Kapitalismus stützt, ist sie dafür mitverantwortlich zu machen, daß sich das internationale Interesse der Frauen beschränkt auf den internationalen Star-, Reklame- und Kosmetikrummel.

Wir machen das maul nicht auf!

wenn wir es doch aufmachen, kommt nichts raus!

wenn wir es auflassen, wird es uns gestopft: mit kleinbürgerlichen schwänzen, sozialistischem bums zwang, sozialistischen kindern, liebe, sozialistischer geworfenheit, schwulst, sozialistischer potenter geilheit, sozialistischem intellektuellem pathos, sozialistischen lebenshilfen, revolutionärem gefummel, sexualrevolutionären argumenten, gesamtgesellschaftlichem orgasmus, sozialistischem emanzipationsgeseich GELABER! wenn's uns mal hochkommt, folgt: sozialistisches schulterklopfen, väterliche betulichkeit; dann werden wir ernst genommen, dann sind wir wundersam, erstaunlich, wir werden gelobt, dann dürfen wir an den stammtisch, dann sind wir identisch; dann tippen wir, verteilen flugblätter, malen wandzeitungen, lecken briefmarken: wir werden theoretisch angeturnt!

kotzen wir's aus: wir sind penisneidisch, frustriert, hysterisch, verklemmt, asexuell, lesbisch, frigid, zukurzgekommen, irrational, penisneidisch, lustfeindlich, hart, viril, spitzig, zickig, wir kompensieren, wir überkompensieren, sind penisneidisch, penisneidisch, penisneidisch, penisneidisch, penisneidisch.

frauen sind anders!

BEFREIT DIE SOZIALISTISCHEN EMINENZEN VON IHREN BÜRGERLICHEN SCHWÄNZEN!